Lebe lieber mops fidel!

GROH

Es gibt Tage,
an denen einem
einfach alles **grau**
und **trist** vorkommt.

Tage, an denen
man der ganzen Welt
die **Zunge**
herausstrecken möchte ...

... und sich am liebsten
die Bettdecke
über den Kopf
ziehen würde.

Mal hat man

Liebeskummer …

…mal hat man
so viel gegessen,
dass man ein
fürchterlich schlechtes
Gewissen hat.

Man ist niemals zu schwer
für seine Größe, aber man ist oft
zu klein für sein Gewicht.

Gert Fröbe

Aber weißt du

was?

Das **Leben** ist nun mal
kein **Zuckerschlecken.**
Aber man kann selbst
was dafür tun,
dass es eins wird!

Also sei kein **Frosch**
und überwinde deinen
inneren **Schweinehund!**

Schlaf dich
erst mal so
richtig aus...

Der Schlaf ist doch
die köstlichste Erfindung.
Heinrich Heine

... triff dich danach
zum **Quatschen**
mit einem
guten **Freund ...**

... und **häng** mal wieder
mit der ganzen
Clique ab.

Wenn nicht jetzt,
wann dann?

Langeweile ist eine Sünde,
für die es keine Absolution gibt.

Oscar Wilde

Wie wär's mal

mit ein bisschen

Abenteuer...

... oder einem
neuen **Hobby?**

Manchmal
reicht auch schon
ein Nachmittag
voll **sportlicher Aktivität ...**

… um sich wie

neugeboren

zu fühlen.

Dann hat man sich
den **Abend** auf
der **Couch**
auch schwer verdient ...

... und was
zu **Knabbern**
noch dazu.

Versuchungen sollte man
nachgeben. Wer weiß,
ob sie wiederkommen.
Oscar Wilde

Mach dir
dein **Leben** einfach so,
wie es dir gefällt!

Es ist
an der Zeit,
sich in Schale
zu werfen ...

… Spaß
zu haben …

... und das **Leben**
einfach zu
genießen.

Lebe lieber
mopsfidel!

Weißt du, worin der Spaß
des Lebens liegt? Sei lustig! –
Geht es nicht, so sei vergnügt.

J. W. von Goethe

Schweinehund & Co.

In dieser Reihe sind außerdem erschienen:

GUTE FREUNDE KANN NIEMAND TRENNEN
ISBN 978-3-86713-610-5

DU SCHAF(F)ST DAS!
ISBN 978-3-86713-359-3

DAS LEBEN IST DOCH EIN PONYHOF!
ISBN 978-3-86713-360-9

Autorin:
Klara Sophie Lechner

Bildnachweis:
Titel: iStockphoto/Renat Martov; S. 3: iStockphoto/Terry J Alco S. 5: Rebecca Richardson/Flickr/Getty Images; S. 7: American Images Inc/Photodisc/Getty Images; S. 9, 13, 19: Reggie Casagrande/Photographer's Choice/Getty Images; S. 11: iStoc photo/mrPliskin; S. 15: iStockphoto/Shawn Healey; S. 17, 29, 34, 35: iStockphoto/Jesse Kunerth; S. 21: iStockphoto/Olga B acova; S. 22, 23: mauritius images/Hans Reinhard; S. 25: Wer Idele/Workbook Stock/Getty Images; S. 27: Digital Vision/Photodisc/Getty Images; S. 31: iStockphoto/Robert Scoverski; S. 3 iStockphoto/Irina Igumnova; S. 37: Elli Luca/ Flickr/Getty Imag S. 39: iStockphoto/anastasia khan; S. 41: iStockphoto/ Michae Madsen; S. 43: iStockphoto/CarlssonInc; S. 44, 45: iStockpho Carrie Bottomley; S. 47: Moritz Steiger/ Stone/Getty Images; Rückseite: iStockphoto/Anna Utekhina.

Textnachweis:
Wir danken allen Autoren bzw. deren Erben, die uns freundlicherweise die Erlaubnis zum Abdruck von Texten erte haben.

ISBN 978-3-86713-358-6

137012-4253-

Ein Lächeln schenken

Geschenke sollen ein Lächeln auf Gesichter zaubern und die Welt für einen Moment zum Stehen bringen. Für diesen Augenblick entwickeln wir mit viel Liebe immer neue GROH-Geschenke, die berühren.

In ihrer großen Themenvielfalt und der besonderen Verbindung von Sprache und Bild bewahren sie etwas sehr Persönliches.

Den Menschen Freude zu bereiten und ein Lächeln zu schenken, das ist unser Ziel seit 1928.

Ihr

Joachim Groh

GROH